4·Q
1834

A MONSIEUR LE PRÉSIDENT

ET

MESSIEURS LES JUGES

Du Tribunal de 1re instance

(1re CHAMBRE.)

Messieurs,

L'avoué de la Bibliothèque nationale vient de me transmettre un factum de M. Feuillet de Conches, intitulé : *Note essentielle, etc., etc.*, qui n'a été déposé en ses mains qu'à la fin de l'audience de mercredi dernier, 19 courant. Ce factum (pag. 6 et 8) m'apprend l'existence d'un mémoire antérieur de M. Feuillet, qui n'aurait pas moins de 154 pages, et qui aurait été distribué à MM. les juges, sans que nous en eussions reçu ni communication ni avis.

Les personnes qui ont la pratique de ces choses m'assurent que de tels procédés sont une énormité, une violation de toutes les bienséances et de tous les usages.

Au reste, les grossières injures et les violences dont est rempli ce factum expliquent suffisamment la conduite de M. Feuillet par son caractère.

Mais il contient de plus des allégations fausses autant qu'injurieuses, et soutenues avec une telle assurance, qu'elles pourraient faire illusion même à des esprits éclairés et leur laisser une impression qui blesserait mon honneur.

Je tiens à l'estime de mes juges et des honnêtes gens, encore plus qu'au gain du procès, quel que puisse être l'intérêt dont je suis animé pour la défense des propriétés de l'Etat commises à ma foi.

Quelques observations, non pas sur le fond de l'affaire, parfaitement exposée par l'avocat de la Bibliothèque nationale et par l'organe du ministère public, dans sa haute et lumineuse impartialité, mais sur quelques circonstances mêlées très gratuitement à la cause dans la *Note essentielle*, donneront la mesure du degré de crédibilité que peuvent avoir les assertions de M. Feuillet en général.

Il se plaint de *calomnies* au sujet d'*autographes vendus*, dit-il, *pour le compte de M. de Châteaugiron* en 1847 (pag. 1 et 2).

Voici les faits : MM. Lalanne et Bordier, experts dans l'affaire Libri, m'ayant montré, il y a quelques mois, dans le catalogue d'une vente d'autographes faite en 1847 par le libraire Charavay, des indications de lettres qui provenaient évidemment de plusieurs collections de la Bibliothèque nationale, j'écrivis aussitôt à M. le procureur de la République, pour le prier de faire rentrer, autant qu'il serait possible, la Bibliothèque en possession des objets dont on l'avait dépouillée, et je lui transmis en même temps le catalogue avec le signalement des articles réclamés. M. le juge d'instruction m'appela pour recevoir ma déposition, et il me fit connaître tout d'abord que le libraire Charavay, précédemment appelé, lui avait déclaré que la personne dont il avait reçu commission de vendre était M. Feuillet.

Il était donc naturel que je témoignasse mon étonnement à M. le juge d'instruction de ce que la plupart des pièces que je réclamais avaient été enlevées à des volumes de recueils d'autographes, prêtés à M. Feuillet, en violation des usages et des règlements formels de la Bibliothèque.

Que la vente ait été faite pour le compte de M. de Châteaugiron, je n'en persiste pas moins à m'étonner que M. Feuillet, fonctionnaire public, sous-directeur au ministère des affaires étrangères, ait ordonné de vendre des pièces, avec la source desquelles il devait être plus familiarisé que personne, ayant tenu chez lui, examiné, étudié, les volumes d'où une main coupable les avait arrachées.

M. Feuillet prétend que L'INSTRUCTION ME REPROCHE de *réclamer encore une lettre de Gabriel Naudé, dont la Bibliothèque est en possession, et dont je suis nanti.*

Il n'est pas possible que l'*instruction* ait commis une pareille méprise. J'ai eu l'honneur de dire à M. le juge d'instruction que, outre les pièces de la vente de 1847, que je réclamais, il y en avait encore une autre qui avait passé dans la même vente (la lettre de Gabriel Naudé), et que je n'avais pas besoin de réclamer, parce que je l'avais fait saisir dans une vente du 30 juillet 1849, et que je l'avais recouvrée dans le mois de décembre suivant, à la suite d'une instruction judiciaire (1).

Et, à ce propos, je dois faire observer que M. Feuillet se trompe étrangement, quand il se persuade et veut persuader aux autres (p. 2) que la lettre de Malherbe est rentrée à la Bibliothèque *par le fait de ses diligences* (p. 2). Je fus averti encore par MM. Lalanne et Bordier, dans le courant de nov. 1848, que deux lettres, une de Rubens, une autre de Malherbe, devaient passer dans une vente. J'allai le matin même à la salle où elles étaient exposées au public, avec tout ce qui devait être vendu dans la soirée, et, par un rapprochement avec les endroits du volume d'où elles avaient été soustraites, il fut démontré à M. Laverdet, ainsi qu'aux assistants et à quelques personnes étrangères qui se trouvaient là, que les pièces appartenaient à la Bibliothèque. Je mis à l'instant opposition à la vente entre les mains de M. Laverdet et en présence de témoins. Leur honorable possesseur me les apporta lui-même le lendemain. Je crois

---

(1) *Extrait du Registre des procès-verbaux du conservatoire de la Bibliothèque Nationale* (Séance du 12 décembre 1849).

..... « M. l'Administrateur général annonce qu'il a appris, le 30 juillet, qu'un autographe de Gabriel Naudé, enlevé à la collection Peiresc, devait passer dans une vente faite par M. Laverdet, libraire, et le ministère de M. Lenormant-de-Villeneuve, commissaire-priseur. Il a écrit à ce dernier pour mettre opposition à la vente, et l'inviter à tenir la pièce en dépôt, s'engageant à administrer la preuve du droit de propriété de la Bibliothèque. M. Laverdet est venu le lendemain déclarer que le vendeur se prétendait légitime possesseur de cet autographe. M. l'Administrateur écrivit le 3 août au procureur de la République pour requérir le dépôt de la pièce au greffe; une instruction s'en est suivie, à laquelle M. l'Administrateur a été appelé pour déposer et fournir les preuves du droit de l'État. Le 28 novembre dernier, il a réclamé de nouveau auprès de M. le procureur de la République, qui lui a répondu par une autorisation de retirer la pièce du greffe du tribunal. — L'autographe de Gabriel Naudé est, en ce moment, réintégré au département des manuscrits. »

qu'il n'avait besoin que des inspirations de sa loyauté pour faire cette démarche (1).

Au reste, il y a quelque temps, des personnes officieuses voulurent élever dans son esprit quelques doutes au sujet de cette restitution, et sur le droit de propriété de la Bibliothèque nationale concernant l'autographe de Malherbe ; voici la lettre qu'il m'écrivit :

Monsieur et cher Directeur général,

Vous n'avez point oublié que je vous ai remis, il y a un an environ, une lettre autographe *sur un simple signe de vous*. Or, j'apprends aujourd'hui que cette lettre ne fait point partie de vos collections, qu'elle n'en a jamais fait partie, qu'elle s'en détache complétement, etc., etc. M. Paulin Paris, qui me permet de le citer, m'a donné cette assurance d'une manière formelle. Cela posé, je n'ai qu'à vous prier maintenant d'avoir l'obligeance de me restituer cet autographe, et je suis charmé de cette occasion de vous réitérer l'expression de mon entier dévouement.

GENTY DE BUSSY.

23, *quai Voltaire*.

Paris, le 28 novembre 1850.

Je lui répondis aussitôt que M. Paris, à qui je venais de lire cette lettre, ne croyait avoir rien affirmé précisément, et je l'invitais à venir au dépôt des manuscrits, où je lui procurerais, de concert avec MM. les Conservateurs, les moyens de faire toutes les recherches et de demander toutes les explications qu'il jugerait convenables, en se faisant aider, au besoin, de M. Paris.

Ce n'est que le 10 février dernier que M. Laverdet se présenta de

---

(1) *Extrait du registre des procès-verbaux du Conservatoire de la Bibliothèque nationale.* (Séance du 13 décembre 1848.)

..... « M. l'Administrateur général annonce qu'à sa diligence, la Bibliothèque est rentrée en possession de deux autographes précieux qui faisaient partie d'un catalogue de pièces de ce genre, destinées à être mises en vente publique, savoir : une lettre de Malherbe à Peiresc, et une de Rubens à Du Puy. La propriété de la Bibliothèque a pu être constatée par les fragments des cachets, dont une partie existe encore dans les volumes d'où ces pièces ont été distraites. La remise en a été faite de gré à gré par le possesseur actuel, et sans indemnité, en vertu de l'arrêt de la cour royale du 3 janvier 1846. »

la part et avec une lettre de M. Genty de Bussy, du 20 janvier, pour vérifier les faits; le libraire se déclara encore une fois convaincu de la légitime propriété de la Bibliothèque, après confrontation de la pièce avec le volume.

Je ne savais pas, en 1849, la portée qu'avait une citation de la correspondance de M. Libri, à laquelle je répondais dans ma lettre au même, assurément sans prévoir le procès que j'ai à soutenir aujourd'hui.

Voici ce passage de la correspondance de M. Libri :

« L'attention de l'autorité s'est éveillée un peu tardivement sur les ventes publiques d'autographes qui se font à Paris et même à l'étranger. Tandis qu'on envoyait à Londres un expert chargé d'examiner certaines pièces décrites dans un catalogue d'autographes et présentées à l'*auction*, on saisissait à Paris, dans une vente publique, deux lettres autographes, l'une de Rubens et l'autre de Malherbe, comme ayant appartenu à la Bibliothèque. Ce renseignement avait été fourni par un des premiers autographophiles de Paris. »

Je répondais alors (*Lettre à M. Libri*, page 32) :

« Il y a six mois je fus averti, non par *un des premiers autographophiles de Paris*, mais par MM. Lalanne et Bordier (que je n'avais pas l'honneur de connaître, auxquels je n'avais jamais parlé), qu'une lettre de Malherbe et une de Rubens, dérobées à la collection de Peiresc, étaient inscrites sous les n°s 408 et 575 du catalogue d'une vente prochaine. Le matin du jour où la première allait être mise sur table, je me transportai au lieu de l'exposition, assisté de ces deux messieurs, avec le volume d'où la pièce avait été arrachée. Des signes certains d'identité firent reconnaître et avouer au libraire chargé de la vente, M. Laverdet, très loyalement, sans la moindre discussion ni la moindre difficulté, que cette pièce appartenait au volume représenté, et je le laissai entre ses mains à titre de sequestre, sous sa bonne foi, pour qu'il en référât au possesseur. Le lendemain, elle me fut rendue par ce même possesseur en personne, qui m'assurait l'avoir achetée de bonne foi, comme il la restituait de bonne grâce. »

Alors c'était M. Feuillet qui m'avertissait; aujourd'hui il intercède auprès du détenteur.

Que M. Feuillet cesse de se vanter de ce qu'il n'avait pas besoin de faire, et de se vanter aux dépens de M. Genty de Bussy, dont la loyauté, une fois avertie par mon opposition formelle, ne dut pas attendre les conseils de M. Feuillet.

Encore un exemple de l'exactitude des dires de M. Feuillet.

Il s'indigne que nous préférions l'évidence de la vérité à l'autorité du témoignage de M. Duchesne ; il s'indigne qu'on présente M. Duchesne comme l'ami de M. Feuillet, et il affirme qu'il n'a eu *avec le respectable Conservateur des Estampes que des relations polies de public à Conservateur, et jamais intimes.*

Est-ce que le public dîne chez les Conservateurs, ou M. Feuillet oublie-t-il que j'ai eu l'honneur de dîner avec lui chez M. Duchesne, il y a quelques années, avant que j'eusse avec ce Conservateur de fâcheux dissentiments. Je pus observer, dans cette ancienne rencontre, que M. Feuillet n'était nullement en cérémonie chez son hôte, qu'il était même un des amis de la maison.

Pourquoi désavouer aujourd'hui cette amitié, qu'il avouait hautement dans une lettre du 2 janvier 1846, adressée à M⁰ Chaix-d'Est-Ange, avocat de Charron dans le procès relatif à l'autographe de Molière, lettre pour laquelle on ne redoutait pas la publicité, puisqu'elle fut communiquée à M. Libri, et publiée par lui dans sa lettre à M. de Falloux (p. 258-260)? Là, M. Feuillet, en même temps qu'il me prodigue des éloges que je dédaigne à l'égal de ses injures, reconnaît que M. Duchesne est son ami, au point de se livrer avec lui à des épanchements de confiance intime :

« Mon ami M. Duchesne aîné, aujourd'hui Conservateur des estampes, alors un des employés de la Bibliothèque, et qui a vendu de ces mêmes parchemins du dépôt, non à moi, mais à notre ami commun, M. Fossé d'Arcosse, Conseiller référendaire à la Cour des comptes, par ordre et pendant l'absence de M. Dacier ; M. Duchesne, dis-je, m'a répété à moi-même que c'est par cette même lettre du Ministre que M. Dacier se croyait suffisamment autorisé à aliéner les doubles inutiles, et que le produit de ces ventes suppléait en partie à la modicité des fonds affectés alors à la reliure des manuscrits. »

Que conclure de tout cela? que M. Duchesne était tourmenté de la démangeaison de faire des confidences contre la Bibliothèque à des gens qui n'avaient avec lui d'autres rapports que de public à conservateur, ou que M. Feuillet se trouvait dans des habitudes de conversation avec lui assez familières, pour avoir part à ses confidences, sauf à les livrer à la discrétion de M. Libri.

M. Feuillet n'est pas plus heureux dans les témoignages de notoriété publique que dans les communications confidentielles.

De quoi lui sert de se créer en imagination une *odieuse et perfide insinuation* de la part de ses adversaires, pour la combattre par *une notoriété* publique non moins imaginaire? Comment! *il était de notoriété publique pour tous les employés de la Bibliothèque nationale* que la pièce (dont il veut parler) avait été coupée en pleine salle publique par un inconnu. Ici l'affirmation se détruit par son exagération même, et, comme dit Montaigne, elle s'abat par l'extravagance de sa force. Cela aurait été proclamé dans le département des imprimés, dans celui des médailles, dans celui des estampes et cartes géographiques! Non, M. Feuillet ne veut pas aller jusque-là. Renfermons-nous dans le département intéressé, celui des manuscrits. J'interroge M. Hase, conservateur; MM. Reinaud, Guérard, Stanislas Julien, conservateurs-adjoints; on ne leur a jamais parlé de cette anecdote. Avant que M. Lalanne eût fait la découverte de la note secrète de M. Paris, lorsqu'il feuilletait les collections d'autographes pendant l'instruction de l'affaire Libri, on ne connaissait ni cette note, ni le vol; et nous avons connu nous-mêmes, il y a seulement quelques jours, la version de MM. Paris et Feuillet.

Mais un autre effort d'invention hardie est de prendre dans une expression polie d'une note de nous à lui, un certificat de parfaite bonne foi pour lui contre nous (p. 19)! Oui, nous avons pu croire à sa bonne foi, quand il proposait de rendre à la Bibliothèque nationale l'autographe de Montaigne, si nous pouvions lui démontrer le droit de la Bibliothèque nationale à revendiquer cette pièce. Mais tout le monde comprendra que nous avons dû changer d'opinion, lorsque nous avons vu M. Feuillet fermer obstinément les yeux à la lumière de nos démonstrations, auxquelles la logique de notre défenseur a donné une plus grande force, auxquelles la sagacité du ministère public a su ajouter de nouvelles preuves... N'avons-nous pas été autorisés à concevoir une autre pensée, à prendre un autre langage, lorsque le premier plaidoyer de Mᵉ Chaix a répondu à une exposition modérée des faits par une agression violente et des personnalités envenimées, lorsqu'on a été chercher dans un passé suranné, tout à fait étranger à la cause, des armes qu'on voudrait rendre homicide, et qui ne sont que honteuses?

Pourquoi cet acharnement contre un conservateur qui n'a fait que m'assister de ses connaissances et de son zèle? C'est moi, moi seul qui intente et puis intenter le procès en revendication, au nom de la Bibliothèque nationale, contre M. Feuillet. C'est moi seul qu'il faudrait attaquer. M. Hauréau a rempli son devoir de conservateur des manuscrits, en rédigeant une note pour éclairer la délibération du conservatoire sur la question de propriété; il a rempli son devoir en associant ses efforts aux miens dans la recherche des titres de la Bibliothèque nationale; et plût à Dieu que tout le monde remplit le sien aussi bien que lui, avec le même savoir, le même dévouement, la même loyauté! Plaise à Dieu, qu'en dépit des envieux, des calomniateurs et des dénonciateurs, il nous prête long-temps encore sa coopération si active et si utile. La perte d'un tel homme, je me plais à le dire bien haut, serait une calamité pour la Bibliothèque nationale.

M. Feuillet ose accuser ses adversaires de manœuvres condamnables. Je ne demanderais pas autre chose, sinon que le tribunal voulût prononcer sur l'opinion que les parties avaient elles-mêmes de leur cause et de leur droit, et qu'il jugeât de cette opinion par la nature de leurs moyens de défense, et en raison inverse du nombre des solliciteurs que chacun s'est cru dans la nécessité de mettre en mouvement.

J'ai l'honneur d'être, avec un profond respect,

Messieurs,

Votre très humble et très obéissant serviteur,

J. NAUDET,

Administrateur-général de la Bibliothèque Nationale.

Paris, le 21 février 1851.

RECTIFICATION INDISPENSABLE

ADRESSÉE

A MES COLLÈGUES LES MEMBRES DU CONSERVATOIRE,

Au sujet de la réponse DE LA BIBLIOTHÈQUE NATIONALE *à M. Feuillet de Conches, par M. Naudet.*

Texte de la réponse de M. Naudet.

I.
PAGE 10.

(Paroles de l'adversaire de la Bibliothèque.)
« *En mai 1837, la Bibliothèque se mit à l'œuvre* » *et se cotisa pour découvrir* (si les catalogues » portaient l'indication d'une lettre de Montaigne.) » *MM. Champollion-Figeac et Paulin Paris ne* » *firent que d'inutiles recherches.* »
(Remarque de M. Naudet : « Il y a tout lieu » de soupçonner que la cotisation de MM. Cham- » pollion-Figeac et Paulin Paris fut très légère » en cette conjoncture, s'il y eut cotisation. »

II.
PAGE 26.

M. F. a reconnu que la tache d'encre était récente, assisté de M. le Docteur Payen et d'un conservateur. (Il faudrait dire d'un conservateur-adjoint pour éviter tout équivoque. Des quatre conservateurs-adjoints du département des manuscrits, il n'y en a qu'un qui voulût assister M. F. dans ces sortes d'informations. »)

III.
PAGE 27.

Si personne n'a signalé la tache d'encre dans l'exemplaire de service du catalogue de Dupuy avant 1848, qu'y a-t-il d'étonnant? Elle pouvait n'y être pas encore : et, supposez qu'elle y fût, il n'y avait guère que les amis de M. F., soit ceux qu'il regrette, soit ceux qu'il aime à voir encore, les conservateurs attachés spécialement à la garde des manuscrits français qui eussent occasion de s'en apercevoir. Si les prédécesseurs de M. Hauréau et vos amis du département des manuscrits n'ont rien aperçu, ne vous récriez pas tant. Vous savez bien qu'ils eurent toujours la main ouverte et les yeux fermés pour vous. Les volumes d'autographes précieux livrés par centaine à votre discrétion, les lettres de Racine et de Boileau emportées chez vous, tant d'autres facilités inouïes ne prouvent-elles pas que vous jouissiez auprès de ces messieurs d'un privilège unique de confiance, et que vous aviez un magnétisme pour endormir

Rectifications.

I.

Si l'on m'a prié de faire des recherches, ou si l'un des deux conservateurs m'a engagé à les faire, je les ai faites. Et si j'ai répondu que les catalogues consultés ne contenaient pas la mention d'une lettre de Montaigne, c'est que je n'y avais pas trouvé cette mention. On n'a aucun lieu de soupçonner que je n'aie fait dans la circonstance que l'on rappelle, ce que j'ai toujours fait pour tout le monde.

II.

M. F. n'était pas alors en procès avec nous; comment les Conservateurs ou les Employés auraient-ils pu répondre par un refus, quand le Docteur Payen, M. F., ou tout autre venaient demander à voir la tache d'encre signalée par M. Jubinal? La tache m'ayant paru récente, il est probable que j'exprimai mon opinion ; et cela avec d'autant plus de liberté, que la date de la tache ne préjugeait rien pour ou contre personne. M. Naudet le reconnaît plus loin lui-même.

III.

Je répondrai de sang-froid.
Le relevé des prêts faits à M. F. embrasse les années 1837 à 1845 : en tout, cent seize inscriptions (rappelées aux pages 66 et 67). Les soixante-dix-huit premières inscriptions sont enfermées dans l'espace de décembre 1837 au mois d'août 1839. Je n'étais pas alors Conservateur-adjoint, mais simple employé.
Comme *Conservateur-adjoint*, je ne fus jamais consulté, et je ne pouvais l'être à propos des prêts et des emprunteurs : tout le monde doit le savoir, tout le monde le sait. Quand on me demandait, quand on me demande encore un volume, j'allais et je vais le chercher aussi vite que je puis; je le remets aux mains de celui qui le demande. Si celui-ci désire l'emprunter, il s'adresse au conservateur en titre, présent ; s'il n'y a pas de conservateur présent, il attend son retour. Je n'ai donc rien de commun avec les emprunts ni les

leur prudence quand il vous semblait bon... La tache n'est donc pas aussi récente que l'ont cru tout d'une voix, comme dans un chœur appris à chanter d'accord, M. F., M. le Docteur Payen qui n'est pas infaillible, enfin le conservateur assistant qui n'est ni M. Hase, ni M. Hauréau, ni M. Reinaud, ni M. Guérard, ni M. Stanislas Julien, et qui ne peut être que M. Paris, dont je récuse le témoignage en toute affaire intéressant la Bibliothèque Nationale.

emprunteurs : jamais je n'ai inscrit un seul livre, ni pour moi ni pour les autres. Quand donc ai-je eu les yeux fermés? quand, les mains ouvertes ! ! En vérité, voilà une étrange calomnie, et j'en ai honte pour celui qui a pu l'écrire. Moi, les yeux fermés! moi, les mains ouvertes !! Et c'est froidement, sans la moindre provocation, ai-je besoin d'ajouter sans le moindre prétexte? qu'un Administrateur général, au lieu de me citer devant le Ministre, son chef et le mien, a l'odieuse démence de me jeter publiquement un pareil outrage !

Que l'outrage retombe sur lui et qu'à défaut du Gouvernement, l'opinion publique se charge de ma vengeance !

IV.
IDEM.

Je récuse le témoignage de M. Paris :

Parce qu'il a été capable d'imprimer contre une partie de ses collègues un libelle dont le titre était déjà un trait de malveillance très peu véridique : *De la nécessité de commencer le catalogue des livres imprimés*, et dont le texte était rempli d'inexactitudes.

IV.

Ainsi, il suffit d'avoir, en 1847, essayé de répondre à un rapport de M. Naudet ; d'avoir proposé, dans cette réponse, un nouveau système de *Catalogue des livres imprimés*, et d'avoir donné un chiffre erroné du nombre des emprunteurs (malgré tout ce qu'on avait fait afin d'arriver à la parfaite exactitude de ce chiffre), pour être accusé d'avoir fait un libelle et pour être à jamais récusé dans les questions de loyauté !

Je supplie mes chers collègues de voir si le travail dont on parle, dans lequel je me plais tant à rendre justice au mérite et aux services de chacun d'eux sans exception, a le caractère d'un libelle.

V.
PAGE 28.

Je récuse M. Paris, parce qu'il a été, est, et sera toujours l'allié des *collecteurs* contre la Bibliothèque ; parce que, non content de les aider, de les favoriser de sa correspondance et de ses secours dans leurs procès contre elle, il se met en quête, auprès des amateurs paisibles, de réclamations à faire à son préjudice. (*Suit une lettre de M. Genty de Bussy.*)

V.

Pourquoi ai-je été, suis-je et serai-je toujours l'allié des collecteurs contre la Bibliothèque? Je trafique donc avec eux ? Je fais donc des collections ? Ils ont donc un magnétisme qui me ferme les yeux ? — Or, je n'ai jamais eu de collections ; je n'ai jamais cédé, vendu, ni trafiqué de rien. Je suis un homme de lettres, voilà tout. Quant à mon dévouement, à mon attachement filial pour la Bibliothèque, je me flattais bien d'en avoir donné quelques preuves dans les sept volumes de mon catalogue raisonné des *Manuscrits français*, publiés presqu'entièrement à mes frais, et que M. Hauréau fait aujourd'hui recommencer par d'autres plus habiles. Dans le temps même où M. Genty de Bussy demandait à M. Naudet si la lettre de Malherbe qu'il lui avait remise était bien la propriété de la Bibliothèque, le comte d'Orsay, sur mes uniques instances, donnait à la Bibliothèque une superbe lettre autographe de lord Byron ; et le baron de Trémont faisait, uniquement à ma considération, un très précieux legs à notre cabinet des manuscrits. J'ai nommé M. Genty de Bussy ; voici la lettre qu'il veut bien m'adresser en ce moment :

Monsieur,

Vous invoquez mes souvenirs sur une conversation qui a eu lieu entre nous chez un ami commun (M. le duc de Cazes), et, cette conversation, vous désirez que je la reproduise en substance : non-seulement je suis disposé à le faire, mais je dirai plus, c'est pour moi un devoir de rendre hommage à la vérité.

Je racontais que, sur une simple invitation de la Bibliothèque nationale, je m'étais empressé de lui rendre une lettre à Malherbe, que j'avais bien et duement achetée en 1845, et que je n'avais fait dans cette circonstance, que ce qu'un homme qui se respecte devait faire. Vous me dites : « Cette lettre nous appartient certainement, à moins pourtant qu'elle n'ait été écrite à Racan. » Je répondis que je l'ignorais, mais qu'en tout cas, ce doute valait la peine d'être éclairci. Ce que je n'ai pas oublié non plus, c'est que vous avez mis une telle franchise dans votre indication que vous avez été jusqu'à m'autoriser à me servir de votre nom. De là, Monsieur, ma lettre à M. Naudet, lettre suivie de la vérification de la lettre rendue, laquelle n'étant pas adressée à Racan a dû rester dans ses mains. Tout cela est bien innocent, puisque nous n'avions en ce moment, ni vous ni moi, la pièce sous les yeux, et il n'y a là, ni dans le fond, ni dans la forme, rien qui puisse conduire à une supposition de nature à porter une atteinte quelconque à l'honorabilité de votre caractère.

M. Naudet, pour qui je professe des sentiments d'une haute estime, ne pourra qu'être le premier à reconnaître qu'il ne m'était pas permis d'hésiter à vous adresser la réponse que vous avez provoquée.

Veuillez agréer, Monsieur, l'assurance de mes sentiments les plus distingués,

Paris, le 9 juin 1851.   GENTY DE BUSSY.

VI.

PAGE 28.

Enfin, je récuse M. Paris, le croirez-vous, Monsieur F., parce qu'il vous a mis, de son chef, en grand péril. Vous vous en tirez aujourd'hui tous deux, il est vrai, par un tour hardi, il vous tend la main et vous ouvre lui-même une issue ; mais l'issue se ferme malgré lui.

Où M. F. a-t-il trouvé la première quinzaine de novembre ? Où donc a-t-il vu l'inconnu de la salle de lecture ? — Dans la déclaration verbale de M. Paris pour la cause, apparemment.

Ainsi le conservateur et M. Paulin Paris, auteur de la note, et l'emprunteur lui-même, n'ont pas eu, à eux trois, l'idée du moindre danger dans le rapprochement de cette date ondoyante du larcin avec la date invariable de l'emprunt.

Mais à moins d'accuser nominativement l'emprunteur du 17 novembre, était-il possible à M. Paris de rien faire de plus hostile contre lui que de garder, en sa force et teneur, la note toute chargée d'incrimination ? S'y serait-on pris autrement, si l'on avait voulu, en écrivant cette note après la restitution du volume, prendre un gage contre l'emprunteur, ou tenir en réserve une arme cachée qu'on aurait la liberté de transformer, par un commentaire bénévole, en un bouclier à son usage, si l'on était content de lui, ou d'aiguiser en épée pour le percer de part en part si l'on se fâchait ; épée à deux tranchants sous l'éclair de laquelle on serait toujours sûr de l'amener à merci ! Il est bien malin, M. Paris !

VI.

J'arrive à la note tracée dans le volume de la correspondance de Malherbe, sur le feuillet voisin de la lettre qu'on avait enlevée. Dès que je m'étais aperçu du larcin, je l'avais constaté, et j'espérais, en agissant ainsi, que la lettre se représenterait plus tard, soit dans un catalogue, soit dans une collection. Ma prévision s'est réalisée. La lettre a été reconnue dans un catalogue de vente, et ma note avait mis sur la voie MM. Lalanne et Bordier : gens de trop d'honneur, j'aime à le croire, pour le contester. Eh bien ! le croirait-on ! cette note, au lieu des remerciements et des félicitations que je devais en attendre, devient aujourd'hui le prétexte d'une accusation ; et quelle accusation ! Oui : je l'aurais faite dans l'intérêt des voleurs ; et si je n'ai pas mieux fixé les dates, c'était pour tenir les larrons à ma discrétion, et les forcer d'en passer par toutes les conditions qu'il me plairait de leur imposer !! En vérité, je ne pense pas qu'à l'occasion d'un heureux acte de vigilance on ait jamais imaginé de plus étranges noirceurs, et qu'une préparation vénéneuse ait été jamais plus savamment élaborée. Mais je retiendrai mon indignation.

La note est telle : *la feuille suivante a été coupée en novembre* 1839.

Quand je l'ai tracée, je savais le mois, je ne savais pas le jour de la soustraction. Voilà pourquoi j'ai daté le mois, non le jour.

Je me félicite bien aujourd'hui de n'avoir pas su le jour précis de la soustraction ! Car il m'arrive souvent d'écrire les dates sur le rapport d'une mémoire distraite, et si j'avais ensuite surchargé cette date pour corriger ma première méprise, dans quel abîme ne serais-je pas aujourd'hui !

Mais si l'on voulait savoir au juste dans quelles circonstances et sous l'empire de quelles préoccupations j'avais écrit la note, le moyen le plus simple n'était-il pas de me le demander, moi qui l'avais tracée ? sauf à récuser ensuite mon témoignage, bien que je n'aie jamais donné le droit de le récuser à personne.

Il ne m'en eût rien coûté, je le jure sur l'honneur, de le dire à M. Naudet, à M. Hauréau. Loin de là, on m'a laissé dans la plus parfaite ignorance des poursuites exercées à l'occasion de cette lettre ; j'ignorais même le nom de celui qui l'avait rendue, comme le prouve assez ma conversation avec M. Genty de Bussy, dont on me fait un si grand crime. Je savais qu'on avait dû la rendre, voilà tout, quand je fus appelé dans le cabinet du juge d'instruction. Ce Magistrat me pria de rappeler, sur ce point, mes souvenirs les plus précis ; ma réponse est entre ses mains, et je ne pense pas que vous m'accusiez d'avoir fait un faux témoignage.

Quelqu'un, ces jours derniers, me félicitait amèrement des privilèges accordés au titre de membre de l'Institut, privilèges qui couvraient souvent, à l'entendre, une incapacité littéraire trop réelle. Ces privilèges sont en vérité bien peu de chose. Voici l'administrateur de la Bibliothèque Nationale, un savant, u : de mes confrères à l'Institut qui, sans égard pour ma réputation, pour toute ma vie, pour ma femme et mes enfants, sans souci de l'invraisemblance de ses calomnies, vient m'accuser publiquement d'avoir eu toujours les *mains ouvertes* pour un homme qu'il veut nous présenter comme un voleur ! Puis le voilà qui transforme la note qui nous fait retrouver un objet volé, en paratonnerre tendu pour préserver les voleurs !

Je n'ai jamais mieux compris la belle pensée de Jean-Jacques Rousseau : « Quand je n'aurais d'autre preuve de l'immortalité de l'âme que le succès des méchants dans ce monde, cela seul m'empêcherait d'en douter. »

VII.
PAGE 33.

Chez les Francs, les tribunaux jugeaient de l'innocence et de la culpabilité d'un homme, sur la foi et d'après le caractère de ses répondants, qu'on appelait *conjuratores, compurgatores*. Jugez de M. F. par ses alliances, et de ses alliés par M. F.

VII.

Tous mes amis, sans exception, ont été, dans tous les temps et sous tous les régimes, d'honnêtes gens qui me supposaient homme de bien, d'honneur, et de bonne réputation. Cela répond suffisamment à votre injure.

VIII.
PAGE 51.

Il (M. F.) prétend que j'ai soigneusement évité de faire entendre quelques titulaires, hommes spéciaux, personnellement chargés de lui remettre les manuscrits, de les vérifier au départ, de les vérifier au retour. Il a pu les faire appeler. Que peut valoir leur témoignage, s'ils disent, eux qui ont manqué à leur devoir et violé le règlement pour lui prêter des centaines de volumes d'autographes, qu'ils ont pris le soin, après cela, de collationner avec exactitude les volumes en retour?

VIII.

On répète ici pour la seconde fois que j'ai manqué à tous mes devoirs en faisant ce que l'on sait bien que je n'ai jamais pu faire.

IX.
IDEM.

M. F. avait engagé le libraire Laverdet à rendre la pièce qu'il reconnaissait à un signe de la main de M. Paulin Paris, pour avoir appartenu à un volume où elle manquait lorsqu'on le lui prêta. M. F. avait bien ses raisons pour qu'on ne fît pas de bruit à l'occasion de cet autographe ; la note de M. Paris. Malheureusement, M. Laverdet ne l'avait pas écouté. M. Bazin, auteur de l'*Histoire de Louis XIII* (mort), qu'il avait chargé d'avertir M. Paris, ne s'était pas acquitté de la commission, ou M. Paris n'avait point averti M. Hauréau, comme on l'a dit à l'audience.

IX.

Qu'importe tout cela? qu'on m'ait ou non prévenu, que j'aie ou non prévenu M. Hauréau, cela ne change rien à la situation respective des uns et des autres. Mais je le dis parce que cela est : j'ai prévenu M. Hauréau, et j'avais moi-même été prévenu par mon très cher et très regretté ami, M. Bazin, apparemment mon complice. M. Bazin est mort ! dit M. Naudet; oui, et mes regrets de l'avoir perdu ne m'empêchent pas de l'en féliciter.

X.
PAGE 54.

Après cela, déclamez tant qu'il vous plaira contre tout ce que l'incurie des préposés pourrait avoir amené de soustractions; sans réfléchir que vos coups portent sur votre bataillon sacré et sur le coryphée de vos témoins à décharge, préposé spécialement à la garde des manuscrits français.

X.

Je suis las : je ne répondrai pas à la dernière imputation. D'ailleurs je l'ai déjà fait sous les Nos III et VIII. Il faut pourtant, malgré moi, dire, avant de finir, pourquoi l'on aime tant à joindre mon nom à celui d'un homme avec lequel je n'eus jamais que les relations d'un strict service, d'un homme de talent et d'esprit, le frère aîné, le premier guide de notre grand Champollion. Pourquoi? parce qu'étant malheureux, on sait que je ne réclamerai pas, et que sa cause pourra devenir ainsi la mienne. Mais n'est-ce pas assez de l'avoir foudroyé dans l'orage de 1848, et ne serait-il pas plus honorable d'oublier ses torts s'il en a eus, et de ne rappeler que les nombreux services qu'il nous a rendus. C'est là du moins ainsi, j'en ai la conviction, que bien d'autres agiraient, au lieu de le frapper avec tant d'acharnement quand on sait qu'il ne peut plus se défendre.

10 Juin 1854

P. PARIS,
Membre de l'Institut, Conservateur-adjoint de la Bibliothèque Nationale.

Paris. Imprimerie de H. Simon Dautreville et Cⁱᵉ, rue Neuve-des-Bons-Enfants, 3.

www.ingramcontent.com/pod-product-compliance
Lightning Source LLC
Chambersburg PA
CBHW061015050426
42453CB00009B/1461